A quelque chose malh
est bon

A QUELQUE CHOSE
MALHEUR EST BON

PROVERBE EN UN ACTE

PERSONNAGES

Gabrielle de CHAUNY.
JUSTINE, femme de chambre.
De CHAUNY.
PIERRE, valet de chambre.

A QUELQUE CHOSE MALHEUR EST BON

PROVERBE EN UN ACTE

La scène se passe à Paris. — Un riche salon. — Porte à droite, porte à gauche. — Un soir d'hiver.

SCÈNE Ire.

DE CHAUNY (*entrant et s'asseyant devant le feu*).

Qu'il fait froid ! qu'il est bon de se chauffer devant un feu à soi, plongé dans un fauteuil à soi ! (*Avec une emphase ironique.*) L'intérieur ! l'époux rentrant courbé sous le poids de ses travaux, l'épouse, fraîche et souriante, recevant dans ses bras une tête adorée ; les poètes n'ont rien inventé qui vaille cela. — A propos, l'épouse, fraîche et souriante, où donc est-elle ? On néglige son seigneur et maître, on le voue à une solitude dangereuse... Tant mieux. Il a de si graves confidences à se faire !

C'était aujourd'hui, sur le boulevard, à l'heure de l'absinthe, je rencontre... qui ? Cet excellent Salleville. « Te voilà ! — En personne. — Comment vas-tu ? — Célibataire, et toi ? — Marié. — Pauvre ami ! » Une heure après, Bignon nous installe en face d'un repas sérieux. — Le Beaune, le Pomard aidant, on se confesse. — Salleville a enterré son oncle. Muni de tonnes d'or, il a quitté sa vieille province; il est venu demander à la reine de la civilisation une hospitalité qu'elle ne donne jamais et qu'elle vend très-cher. — Bref ! ce soir même, on reçoit, chez Florine des *Folies-Marigny*, la crème de ce théâtricule. — « Tu en es? » Que répondre à un vieux camarade, à un compagnon d'enfance, que la mémoire du cœur rend trois fois cher ? J'acceptais, déclamant tout haut : « L'amitié a ses droits. » Murmurant tout bas : « L'amour a les siens. »

L'amour..... Mon Dieu, oui. Armande assiste à ce bal, et ma foi ! je suis fou d'Armande. Jusqu'à ce jour je l'ai bien admirée cent fois à la scène. Quel brio dans le couplet final ! quels délicieux costumes ! quelles fines épaules ! Délirante perspective, la déesse va descendre pour moi de son ciel de carton. (*Rêveur.*) M'écoutera-t-elle? Oui, si j'ai soin de glisser à son doigt ce chef-d'œuvre de Samper, si je parle à cette belle personne la seule langue qu'elle puisse raisonnablement entendre. (*Il dépose une bague sur la cheminée.*)

Au fait, tout cela n'est guère orthodoxe. Après deux ans !! Fi ! monsieur de Chauny, vous devriez rougir de honte. Depuis quand votre femme a-t-elle cessé de vous entourer de sa tendresse ? Depuis quand l'ange a-t-il cessé de vous abriter de ses blanches ailes ? Le calme pèse à votre nacelle conjugale. Vous rêvez pour elle la mer des orages. Mais le naufrage se cache au fond de cette mer-là, et, votre nef sombrant, le beau profit d'avoir sondé l'abîme d'où l'on ne revient pas ! Bah ! on en revient..... Après tout, Gabrielle aussi m'est chère. Gabrielle représente la vertu avec la beauté pour couronne, le devoir avec la grâce pour compagne; Gabrielle représente le bonheur. Mais, voici le *mais*, le bleu implacable de notre ciel fatigue à la longue mon tempérament moral. Je suis jeune... à peine m'a-t-on laissé le temps de jeter un regard furtif sur les curiosités de la vie, et ce n'est pas ma faute si la flamme qui gronde dans mon sein défie toutes les douches matrimoniales. Je veux vivre !

(*Gabrielle entre*).

SCÈNE II.

DE CHAUNY, GABRIELLE.

GABRIELLE.

Je suis heureuse de vous voir, mon ami. Pierre m'a prévenue qu'une circonstance imprévue vous empêchait de manger mon dîner d'aujourd'hui. C'est le premier repas que je fais sans vous. Il a été bien triste.

DE CHAUNY.

Le mien, cher Gabrielle, n'a pu être bien gai, vous n'étiez pas là... Il a eu pourtant sa compensation. Il m'a permis de passer quelques instants avec un bon camarade, perdu de vue depuis dix ans, et que j'ai embrassé, je l'avoue, avec bonheur.

GABRIELLE.

Vous avez des amis que vous perdez de vue depuis dix ans?

DE CHAUNY.

Cela vous étonne; mais le mien habite la province: une excuse et pour lui et pour moi. Malgré les chemins de fer, la province est l'autre monde pour le Parisien qui ne sort pas de son Paris. Qu'est-elle pour moi, qui ne sort pas du nid que notre amour se créa en véritable égoïste?

GABRIELLE.

Ce bon, cet excellent camarade, pourquoi ne me l'avez-vous pas présenté?

DE CHAUNY.

Rien ne presse. Salleville passe l'hiver ici, et nous sommes gens de revue.

GABRIELLE.

Et M. Salleville est..... marié?

DE CHAUNY.

Non, madame, M. Salleville représente, au contraire, le célibat dans toute l'horreur de son endurcissement ; et, chose effroyable à dire, rien ne fait espérer la conversion du pécheur ; rien, ni dans ses actes, ni dans son langage, ne fait prévoir qu'il changera sa damnable condition contre une autre que vous me donnez le droit d'appeler plus heureuse.

GABRIELLE.

Ah !

DE CHAUNY.

Ce ah ! s'échappe avec peine de votre bouche.

GABRIELLE.

Il vous en coûte moins sans doute de vous échapper de votre maison.

DE CHAUNY.

Avouez-le, ma chère Gabrielle, vous me boudez pour mon absence de ce soir.....

GABRIELLE.

Et quand cela serait..... Croyez-vous que le cœur ne souffre pas de l'interruption de ses plus chères habitudes? Le mien a constamment battu près du vôtre. Il semble que cette soirée solitaire ouvre pour nous deux une ère nouvelle, différente de celle que nous avons parcourue jusqu'à ce jour. — Suis-je donc jalouse de vos affections de jeunesse? Non... Mais cet air calme, presque souriant, que vous apportez ici, vous qui, hier encore, n'auriez pas donné cette soirée pour un empire, je l'interprète comme un présage, et Dieu sait combien je donnerais pour ne pas l'interpréter comme un présage de malheur !

DE CHAUNY.

Superstitieuse à ce point.....

GABRIELLE.

L'amour est une religion. Pourquoi n'aurait-elle pas ses superstitions tout aussi bien que ses fanatismes ?

DE CHAUNY.

Et sa tolérance.

GABRIELLE.

Aussi, ne vous rendrai-je pas responsable de mon ennui de ce soir. Votre présence, d'ailleurs, le fera disparaître ; car vous restez mon prisonnier ?

DE CHAUNY (*à part*).

Diable ! et mon bal.....

GABRIELLE.

Vous dites ?

DE CHAUNY.

Rien. (*A part.*) Et la bague que je laisse sur la cheminée..... Imprudent !

GABRIELLE (*s'approchant de son mari*).

N'avez-vous jamais songé, mon ami, au charme des soirées d'hiver ? Tandis qu'au dehors mugit la tempête, deux époux s'asseoient en face d'un clair foyer. A l'abri des importuns, sans d'autre tiers que leur tendresse, ils parlent, s'écoutent et font pour leur douce vie les rêves les plus dorés, les projets les plus enchanteurs. — On a dit : Le printemps est la saison des amours..... Oui, des amours fugitives, qui, semblables à l'abeille, voltigent de fleurs en fleurs sans se fixer à aucune. — La fantaisie adore les haies où elle butine à loisir ; libre à nous de ne pas la suivre dans sa course vagabonde. Mais quitter le foyer, ce confident des êtres qui ne demandent à la vie que d'exister l'un pour l'autre, ah ! ce serait pis que de l'ingratitude, ce serait de la folie. — Autour de lui, les époux se rapprochent, comme s'ils craignaient pour les efflorescences de leurs cœurs l'influence d'une bise semblable à celle qui souffle sur la nature. La neige tombe..... tout ce qui fait l'ornement de nos campagnes gît dans un sépulcre de givre. Deux cœurs, greffés l'un sur l'autre, ne connaissent pas de froide saison ; jamais ils ne cessent de fleurir, car, pour eux, il existe une serre d'où ils bravent la furie des autans, et, cette serre, c'est la retraite ignorée où ils ont appris à se connaître, à se comprendre, à se fondre dans une indissoluble étreinte. — N'est-ce pas, mon ami ?

DE CHAUNY (*distrait*).

Mais tout ce que vous dites est bien dit. Quand vous parlez d'amour, qui pourrait vous tenir tête ?

GABRIELLE.

C'est un compliment ; mais, à l'air dont vous me l'adressez, il manque de conviction.

DE CHAUNY (*préoccupé*).

Pardonnez-moi, ma chère... une affaire de la plus haute importance.....

GABRIELLE.

Expliquez-moi cela... Asseyez-vous donc !

DE CHAUNY.

Ne plaisantons pas, Gabrielle, mon rendez-vous est très-grave et.....

GABRIELLE.

Vous allez encore me quitter ! mais que se passe-t-il donc ? Me laisser seule toute la soirée, et, au moment où je vous tiens, vouloir m'échapper encore... Savez-vous, monsieur, que c'est fort mal !

DE CHAUNY.

Voyons, ma chère enfant, un peu de calme. Il s'agit d'une absence de quelques heures.

GABRIELLE.

Et cette absence de quelques heures, vous la passez ?

DE CHAUNY.

Mon devoir est de vous le dire : au club ! Je vois l'étonnement se peindre sur votre jolie figure. Un mari modèle au club, à l'heure de la journée qu'il doit toute à sa femme, cela vous stupéfie. Mais la force majeure a des exigences..... La guerre nous menace : les dépêches de ce soir l'annoncent ; et, la guerre menaçant, dame ! il faut vendre. Or, mon agent de change doit se trouver à mon cercle, et c'est pour lui donner des instructions... Les affaires, vous savez...

GABRIELLE.

Et que m'importent la guerre, votre journal et votre agent de change ? que m'importent vos affaires ? Votre affaire, à vous, n'est-ce pas de rester près de moi, de m'aimer comme je vous aime? Le jour pour votre agent de change, le soir pour votre femme, est-ce trop?

DE CHAUNY.

Mais il s'agit de la moitié de notre fortune.

GABRIELLE.

Allez-donc, monsieur..... Quittez-moi pour sauver la moitié de votre fortune; demain vous ne me quitterez pas pour sauver mon cœur tout entier.

DE CHAUNY.

J'ai quelques minutes encore à vous consacrer, les passons-nous chez vous?

GABRIELLE.

Pourquoi? Le feu est bon ici. Vous avez froid?

DE CHAUNY (*passant et repassant devant la cheminée*).

Moi? non.

GABRIELLE.

Vous tournez autour de cette cheminée comme un écureuil autour de sa cage. Mais asseyez-vous donc !

DE CHAUNY.

(*A part.*) Décidément, j'y renonce. (*Haut.*) Et, vous ne songez pas, chère amie, à vous retirer dans votre bonbonnière?

GABRIELLE.

Il n'est pas dix heures... y songez-vous?

DE CHAUNY.

Votre pendule va bien.

GABRIELLE.

Vous voulez me chasser de cette pièce.

DE CHAUNY.

Quelle idée !

GABRIELLE.

Au surplus, que vous le vouliez ou non, je reste. Il faut bien que je m'habitue à passer les soirées seule, si de nouveaux télégrammes vous forcent à consulter votre agent de change.

DE CHAUNY.

Vous me gardez rancune. Que vous seriez attrapée si je vous disais : je cède à vos instances, je reste aussi.

GABRIELLE.

Où voyez-vous, monsieur, que je fasse des instances? Vos affaires vous appellent dehors, à l'heure où vous m'appartenez d'habitude ; j'aurais mauvaise grâce de vous retenir. Ma tendresse, mon ami, ne doit vous coûter que des baisers.

DE CHAUNY (à part).

Pauvre enfant ! mais j'ai promis, et la bague est toujours imprenable.

GABRIELLE.

Vous ne dites rien..... Ce sera à moi, bien sûr, de vous mettre à la porte. Je parie que votre agent de change s'impatiente.

DE CHAUNY.

Oh ! il peut attendre.

GABRIELLE.

Mais, moi, je ne le puis pas. Cela vous étonne que j'aie hâte de vous voir partir. C'est bien simple : plus vite vous partirez, plus vite vous serez de retour. Comprenez-vous ?

DE CHAUNY.

A merveille. (*A part.*) A l'impossible nul n'est tenu. Le feu va s'éteindre, Gabrielle rentrera chez elle. J'enverrai Pierre escamoter le fatal bijou, et ni vu ni connu..... (*Haut.*) Bonsoir, chère amie. Croyez-moi, rentrez dans votre bonbonnière ; elle est si chaude !

GABRIELLE.

Ne vous inquiétez pas et embrassez-moi.

(*De Chauny embrasse Gabrielle et sort.*)

SCÈNE III.

GABRIELLE (*seule*).

« Ne vous inquiétez pas ! » Suis-je tranquille moi-même ? Comme son baiser a été rapide ! Il ne m'embrasse pas ainsi d'habitude. Est-ce donc que ma présence l'ennuie, le gêne ? Je ne sais quels pressentiments agitent mon âme. Nous avons été si heureux jusqu'à ce jour. Il me semble que, jalouse de notre bonheur, la destinée vient me dire : « Ce bonheur a duré assez ; à l'ère des espérances et des rêves va succéder pour vous l'ère des regrets et des réalités désenchantantes. » Ne perdons pas la tête, étudions froidement la situation. Une circonstance exceptionnelle oblige Charles à me laisser seule. Eh bien ! où est le mal ? Le mal..... je ne saurais dire où il existe, mais quelque chose me dit qu'il existe..... Pourquoi ces deux absences consécutives ? Ce monsieur Salleville avec lequel Charles a dîné, cet ami n'est-il pour rien dans le trouble de nos habitudes ? Célibataire, il est célibataire... Sans doute, il vient ici pour le crier à toutes les oreilles, pour dire à tous : « Imitez-moi, messieurs, moi seul suis le sage ! » Ce sage, Charles le fréquenterait. Oh ! je ne le permettrai pas. Il ne sera pas dit que les amis de nos maris viendront nous les gâter par l'exemple ; il ne sera pas dit que les inutiles, par la jactance de leur inutilité, exciteront dans les cœurs qui nous appartiennent les velléités d'une existence d'égoïsme et d'inconduite. Qui sait ? peut-être le mal est-il déjà fait ? Tant de choses viennent dans le tête-à-tête d'un dîner de garçon... S'entendre, entre deux vins, à tromper une pauvre femme qui n'a d'autre prestige que l'amour honnête, c'est si naturel... « Tu es marié et tu l'aimes ; moi, j'aime et je suis libre ! » Et les confidences de s'échanger. Celui-ci fait miroiter aux yeux de celui-là le prisme de sa vie aventureuse. Il parle, on écoute ; écouter en pareil cas, c'est s'avouer vaincu. On se résigne à la défaite ; mais désormais on n'a qu'une pensée, prendre sa revanche ; l'occasion aidant, la revanche est bientôt prise. Ah ! mon Dieu, Charles ne m'aime plus... Alors, ses préoccupations de tout-à-l'heure, ses allées et venues, tout s'explique : Charles me trompe. Infidèle, lui, hier encore si attentionné, si caressant..... A l'heure où il épiait mes moindres paroles, buvait mes moindres sourires, il courait à un rendez-vous... Non, ce n'est pas possible. Pourtant, ses distractions, ses impatiences..... Pourquoi faut-il qu'une soirée d'angoisses expie tant de soirées d'ivresse ? L'expiation est dure. Maintenant mon âme connaît le doute, et le doute y empoisonne tout. Bientôt il ne lui restera plus rien des émotions délicieuses qui la faisaient palpiter, plus rien qu'un souvenir aussi trompeur que la réalité elle-même : il ne lui restera plus que les larmes. Eh bien ! je pleurerai... non dans ce boudoir où il voulait me renvoyer tout-à-l'heure, et où la cohue des indifférents vint tant de fois interrompre mes rêves de jeune femme ; mais ici, près de ce foyer, témoin de nos caresses, confident de nos baisers. Je pleurerai, et, quand il rentrera, je veux qu'il me trouve accoudée sur ce marbre comme sur le tombeau de notre bonheur conjugal. Peut-être avouera-t-il, l'ingrat, que c'est lui qui l'a tué...

(*Elle s'accoude sur la cheminée, et jette les yeux sur la bague dont elle ouvre l'enveloppe. Puis elle sonne Justine*).

SCÈNE IV.

GABRIELLE, JUSTINE.

GABRIELLE.

Justine, que signifie ce bijou ?

JUSTINE.

Madame, je le vois pour la première fois.

GABRIELLE.

C'est étrange. Retirez-vous.
(*Justine sort*).

SCÈNE V.

GABRIELLE (*seule*).

Mon écrin ne renferme pas sa pareille. Quel goût dans la monture ! quel éclat ! quelle eau ! En vérité, si la dernière fée ne s'était envolée au sifflet criard de la première locomotive, je croirais volontiers qu'un génie invisible a déposé ici ce talisman. Mon mari excepté, personne n'est entré dans cette pièce. Mon mari ! Serait-ce lui ? Serait-ce pour moi ? Mais alors, pourquoi ce mystère ? pourquoi cette fuite ? Ma tête s'y perd... oui, mais mon cœur ne s'y perd pas. Charles est le plus noble, le plus délicat des hommes. L'amour a sa pudeur. Charles s'est enfui, prétextant une absence qui me permît de savourer seule ma joie et ma surprise. Et moi qui le soupçonnais, moi qui pleurais la catastrophe de notre union brisée. Je m'en veux de mes bêtes d'idées noires ! Votre tête est bien folle, madame, de s'être forgé des défiances à l'encontre d'un époux si magnifique... Comme il faudra que vos embrassements le dédommagent au centuple de l'injure que lui fit tout-à-l'heure votre cœur ! Et toi, chère petite bague, laisse-moi te presser sur mes lèvres. Ne crains pas que mon souffle ne ternisse l'éclat de ta pierre, car elle brillera toujours aussi pure que l'amour dont elle est le symbole. Ta place est à mon doigt ; je t'y mets et t'y conserverai jusqu'à la mort... Et quand les pensées mauvaises assiégeront mon cerveau, quand l'essaim des rêveries malsaines voltigera autour de ma tête, je n'aurai qu'à te regarder, et, comme un talisman, tu chasseras le vertige.

(*Pierre entre*).

SCÈNE VI.

GABRIELLE, PIERRE (*avançant avec embarras*).

PIERRE.

Madame n'a pas sonné ?

GABRIELLE.

Non, que voulez-vous ?

PIERRE (*furetant des yeux sur la cheminée*).

Moi, madame ? Oh ! rien. Je croyais que madame avait besoin de moi, et..... (*Il s'approche.*) Le feu de madame va s'éteindre. Madame veut-elle que je l'entretienne ?

GABRIELLE.

Mais non, la flamme monte à une hauteur... A propos, monsieur vous a sans doute ordonné d'allumer son feu ?

PIERRE.

Oui, madame, et précisément j'allais.....

GABRIELLE.

C'est inutile, n'allez pas !

PIERRE.

Oh ! madame, il fait si froid.....

GABRIELLE.

Plus il fait froid, et plus je vous défends de toucher à la cheminée de monsieur. Que cherchez-vous ?

PIERRE.

Madame, j'époussète.....

GABRIELLE.

Avec vos mains ? (*Elle sonne Justine.*) Je me retire. Si monsieur vient, priez-le de m'attendre.

(*Gabrielle sort*).

SCÈNE VII.

PIERRE, JUSTINE. (*Justine veut sortir, Pierre l'arrête*).

PIERRE.

Dites-moi, mademoiselle Justine, n'auriez-vous pas découvert sur cette cheminée certaine petite bague?

JUSTINE.

Sans doute. Madame vient de la prendre, en disant : C'est étrange ! Faut croire que c'est une surprise de monsieur, à moins de supposer que le cadeau soit destiné par monsieur Pierre à l'heureuse mortelle qui doit porter son nom.

PIERRE (*avec élan*).

Ah ! mademoiselle Justine, si vous le vouliez, cette bague toute d'or irait si bien à votre doigt.....

JUSTINE.

Enjôleur ! Avouez, bel amoureux, que l'incident est étrange, comme disait madame : car, enfin, pourquoi cherchez-vous ?

PIERRE.

Mais c'est monsieur lui-même qui m'a ordonné les perquisitions les plus minutieuses, et, ma foi ! les plus inutiles. Mon compte est bon.

JUSTINE.

Et pourquoi ces perquisitions mi-nu-tieu-ses ?

PIERRE (*avec importance*).

Pourquoi ? pourquoi ? Vous êtes bien indiscrète. (*Souriant.*) Au fait, vous avez raison. L'indiscrétion, c'est le plus saint des devoirs pour nous autres. Pourquoi ? Eh bien ! si je le savais, est-ce que je ne vous l'aurais pas déjà dit ?

JUSTINE.

Que les maîtres sont cachotiers ! C'est à vous dégoûter vraiment de vivre avec eux.

PIERRE (*avec mystère*).

Sachez que monsieur m'a recommandé d'enlever subrepticement le bijou de cette cheminée. « *Surtout que madame ne s'aperçoive de rien.* »

JUSTINE.

Continuez, monsieur Pierre, vous m'intéressez.

PIERRE.

Vingt louis pour toi si tu me l'apportes à dix heures. (*Regardant la pendule.*) Et il est dix heures cinq. Mais qu'avez-vous, mademoiselle Justine, à rire comme cela ?

JUSTINE (*riant*).

Vraiment, monsieur de Chauny, vous restez bien tard au cercle... C'est bien drôle !

PIERRE.

Drôle ? je ne trouve pas, moi... mais étrange... car, je me le demande, si monsieur faisait une surprise à madame, pourquoi expédier la chose à quatre kilomètres ?

JUSTINE.

Mais, gros nigaud, vous ne comprenez donc pas ? (*Elle lui parle à l'oreille.*)

PIERRE.

Mais si, mais si. (*Riant lourdement.*) Mon Dieu, que c'est drôle ! (*Sérieux.*) Pour lui, peut-être, mais pour moi, non. Il pourra bien revenir de la noce tout-à-l'heure..... moi, je n'y serai pas.

JUSTINE.

Quoi qu'il vous arrive, monsieur Pierre, vous penserez bien toujours un petit peu à moi ? (*Elle s'esquive. A la porte :*) Mon Dieu ! que les maîtres sont cachotiers !

SCÈNE VIII.

PIERRE (*seul*).

Raillez, raillez. Vous ne ferez pas que votre image disparaisse jamais de mon cœur. Votre voix est une musique, mademoiselle Justine, et tout-à-l'heure le tonnerre va gronder à mes oreilles. (*Soucieux.*) Amoureux et chassé, me voilà propre... Si je pouvais conjurer l'orage... Mais j'entends la voiture, c'est lui.

SCÈNE IX.

PIERRE, DE CHAUNY.

DE CHAUNY (*entrant furieux*).

Vous en êtes à chercher encore ce que vous auriez dû trouver depuis une heure. Je vous chasse !

PIERRE.

Oh ! monsieur.....

DE CHAUNY.

J'en suis fâché ; mais vous êtes un maladroit, mon ami, et pour moi un maladroit vaut un fripon.

PIERRE.

J'ai eu beau fureter partout, monsieur, je n'ai rien trouvé.

DE CHAUNY.

De mieux en mieux. Madame vous a prévenu. A compter de ce jour, vous n'êtes plus à mon service.

PIERRE (*avec hauteur*).

Avant que monsieur ait le temps de me regretter, j'ai l'honneur d'avertir monsieur que madame le prie de l'attendre dans cette pièce.

DE CHAUNY.

C'est bon. Sortez !

(*Pierre sort*).

SCÈNE X.

DE CHAUNY (*seul*).

Peste soit des aventures ! Etre jeune, spirituel, amoureux, et se voir bafoué par une coquette sans jeunesse, sans esprit et sans cœur... Quitter la paix de l'intérieur, le tête-à-tête avec la femme qui est bien à soi, pour le tohu-bohu d'un bal interlope, pour le frolement de femmes qui appartiennent à tout le monde... Que les hommes sont bêtes ! Ils ont chez eux l'amour, l'amour qui les reçoit à bras ouverts, console leurs chagrins, panse les blessures de la journée, et voilà qu'ils délaissent leur chez soi bien capitonné, à la recherche de je ne sais quels boudoirs. Ils vont demander à des lèvres mercenaires ces baisers réparateurs, secret des lèvres chastes. Idiots !

Eh bien ! je suis un idiot, moi...

Je débute par une maladresse : j'achète un cadeau pour Armande; et ce cadeau, je l'expose à la confiscation que facilite la stupidité de ce drôle. Je pars comme un vainqueur triomphant d'avance. J'arrive, je vois Florine au bras de Salleville. Resplendissante de diamants et de dentelles, Florine me reçoit avec un air qui semble demander : « Quel est ce petit monsieur ? » Salleville me salue comme s'il n'avait jamais dîné avec moi. Bientôt, le quadrille cessant, j'aperçois mon idole. Qu'elle était jolie ! Une délicieuse parure d'émeraudes étincelait dans ses blonds cheveux, ruisselait sur sa blanche poitrine. Et quelle toilette ! Mais la femme seule m'occupait, comme un tableau de maître occupe le connaisseur pour qui le cadre, tout beau qu'il soit, n'est rien. Bientôt elle s'assied dans un coin retiré du salon ; un fauteuil tendait ses bras vides près du sien ; je m'y précipite, et alors la conversation la plus intime s'engage..... Armande se croit à son théâtre, elle marivaude... Moi, l'ennemi juré du marivaudage, moi, je brusque l'entretien, je déclare catégoriquement mes tourments et mes transes. Mais, ô dérision ! à l'instant où ma passion parle son langage le plus convaincu, peint ses images les plus colorées, la divinité se lève... et, sans me laisser le temps de jeter un peu d'eau sur la flamme de mon verbe, un éclat de rire, un éclat de rire de simple mortelle, hélas ! vient me cingler en pleine figure. Puis une bouche rose me décoche derrière l'éventail une phrase où il s'agissait de bonhomme. Un bonhomme, moi !... Ce n'est pas tout. J'allais me retirer, jurant, mais un peu tard... lorsque Salleville s'avançant avec un sourire assassin : « Tu vois, me dit-il, cette belle personne. Tu t'es miré dans la rivière de pierreries qui coule sur son sein. Ton œil s'est aveuglé à fixer les étoiles qui scintillent dans ses crêpes dorées. Eh bien ! mon cher, elle n'avait pas tout cela il y a deux heures..... Mais, au rang de ses fidèles, la déesse compte le baron Schopmann, et, pour l'heure, l'Autriche, la magnifique Autriche, subvient aux frais du culte. Qui l'eût dit après Sadowa ! » Et le traître de me tourner le dos, pendant qu'appuyée sur notre tudesque, enveloppée dans le burnous du départ, Armande me jetait en fuyant le regard du Parthe.

Tout bien vu, je ne me sens pas né pour les aventures. Après celle-ci, les autres me réussiraient mal. D'ailleurs, Armande personnifie-t-elle bien mon idéal ? Sans doute, elle est jolie... comme toutes ces dames. La beauté, voilà le seul devoir dont elles ne sauraient s'affranchir en conscience. A-t-elle de l'esprit ? Son sourire dirait : oui... Par malheur, ses paroles tiennent énergiquement pour la négative. Quant à son cœur, silence ! on ne parle pas des absents. Et j'ai pu préférer une brillante marionnette à l'esprit qui s'ignore, à la vertu parée de toutes les grâces de la femme ! Il m'a bien servi de déserter, par la pensée, le droit chemin, moi, dont les chemins de traverse ne veulent pas. Et Gabrielle ? supporterai-je son regard clair ? Elle va me parler de la bague. Dirai-je que cette bague était destinée à..... ? Allons, tout n'est pas perdu. Je connais Gabrielle. Son cœur, si riche de tendresse, doit renfermer des trésors d'indulgence. Je me précipiterai à ses genoux. A ses reproches, à ses larmes, je n'opposerai que ces mots : « Je n'ai pas cessé de t'aimer ! » Et si un aveu sincère peut désarmer son amour offensé, eh bien ! j'avouerai ma folie d'une heure, et, comme toujours, l'absolution suivra le repentir.

(*Gabrielle entre*).

SCÈNE XI.

DE CHAUNY, GABRIELLE.

GABRIELLE.

Votre absence, mon ami, n'a pas été d'aussi longue durée que je le craignais. Est-ce que votre agent de change ne se trouvait pas au rendez-vous?

DE CHAUNY (*avec embarras*).

L'agent de change? Ah! oui...

GABRIELLE.

Et nous devons nous attendre, pour demain, à une formidable baisse?

DE CHAUNY.

La baisse, chère amie? mais je ne sais pas...

GABRIELLE.

N'avons-nous pas la guerre?

DE CHAUNY.

Oui... au printemps... Mais, chère amie, si vous le voulez bien, parlons d'autre chose. Le langage des affaires sonne si mal dans une jolie bouche.

GABRIELLE.

Au contraire, parlons-en. Et, comme preuve du puissant intérêt que je porte à la bonne administration de votre fortune, veuillez accepter de ma main ce journal.

DE CHAUNY (*prenant le journal*).

La Liberté?

GABRIELLE.

La Liberté, votre journal, et probablement celui de votre agent de change. Lisez! deuxième colonne: *Le monde financier*.

DE CHAUNY (*ému*).

Quoi ! la hausse?

GABRIELLE.

Hélas! oui, la hausse..... Que va dire votre agent de change ?

DE CHAUNY (*ne se contenant plus*).

Mais il sautera de joie, l'excellent homme, car il a dû acheter ce matin...

GABRIELLE.

Vous ne l'avez donc pas vu ce soir ?

DE CHAUNY.

Son cabinet ferme religieusement à six heures.

GABRIELLE.

Il n'était pas à son cercle ?

DE CHAUNY.

Je n'ai pas dit cela.

GABRIELLE.

Vraiment, Charles, vous me faites pitié. Vous ne savez pas mentir, et cependant la vérité sort avec peine de votre bouche. A qui la direz-vous, si ce n'est à votre femme?

DE CHAUNY.

A vous?

GABRIELLE.

Sans doute. Pourquoi ne pas m'avouer tout?

DE CHAUNY.

Vous savez donc?

GABRIELLE.

Certainement.

DE CHAUNY.

Je n'ai plus qu'à implorer ma grâce.

GABRIELLE.

Et je ne sais trop si je vous l'accorderai. Ah! monsieur, vous avez des secrets, vous procédez par surprises. Fi! que c'est laid!

DE CHAUNY.

Ayez pitié d'une pauvre brebis égarée!

GABRIELLE.

Non, point de pitié... à moins que vous me demandiez pardon à deux genoux, promettant de n'avoir à l'avenir rien de caché pour moi...

DE CHAUNY (*à genoux*).

Je le jure !

GABRIELLE.

De ne pas me laisser seule, livrée à des pensées que vous devez redouter plus que personne...

DE CHAUNY.

Je le jure !

GABRIELLE.

Enfin, de ne pas rougir de vos cadeaux comme d'une mauvaise action.

DE CHAUNY.

(*A part.*) Je ne comprends pas. (*Haut.*) Je le jure !

GABRIELLE.

Moyennant quoi, je vous permets de me prendre la main, et d'appuyer vos serments du témoignage de vos baisers.

DE CHAUNY.

Chère Gabrielle. (*Il lui baise la main. Apercevant la bague.*) La bague !

GABRIELLE.

Ce bijou vous intrigue ? Il était sur la cheminée, je m'en suis emparé. Dorénavant, quand vous me ferez des surprises, vous voudrez bien ne pas vous sauver. Cela me permettra de m'acquitter de suite. Non que la reconnaissance pèse d'un poids trop lourd sur mon cœur ; ce que j'en dis, c'est pour vous, mon ami : vous y gagnerez deux baisers au lieu d'un.

DE CHAUNY.

Et ce bijou, vous l'agréez?

GABRIELLE.

Si je l'agrée ! l'eau en est d'une limpidité, la monture d'un goût ! Qu'on vienne me dire que les créatures seules ont le génie de provoquer des libéralités aussi splendides ! Un mari l'a prouvé, les vraies femmes en sont dignes.

DE CHAUNY.

Dignes de par leur vertu, leur esprit, leur beauté. (*A part.*) Elle ne sait rien.

GABRIELLE.

Ce diamant est une véritable merveille. Eclat, pureté, il réunit tout, et je puis y fixer mes regards sans que cette pureté s'altère, sans que cet éclat se ternisse. Mais, pour moi, la merveille a une valeur particulière, valeur qui éclipse le rayonnement de ses facettes. Tout-à-l'heure, mon ami, vous partiez ; j'étais triste, songeuse, je me demandai : « Où va-t-il ? Pourquoi me laisse-t-il ? » Une voix me criait : « Il ne t'aime plus, il t'abandonne. » Et ma tête se perdait, mes larmes coulaient, mon cœur se brisait... Soudain, votre joyau arrête mon regard ; le bleu de son écrin lui sourit comme le bleu de l'espérance. Les pensées mauvaises avaient fui... Le chagrin vague s'était envolé à tire-d'aile... J'ouvre, et en même temps que la pierre éblouit mes yeux, un soleil de joie illumine mon âme. Arrière le doute, arrière les rêveries dissolvantes ! Je mis la bague à mon doigt, et dis : cette bague est belle et il m'aime !

DE CHAUNY.

Et il vous aimera toute sa vie, et son amour aura la dureté de cette pierre.

GABRIELLE.

Mais nous causons, et notre brasier s'éteint.

DE CHAUNY.

Voulez-vous venir vous chauffer chez moi ?

GABRIELLE.

Impossible, j'ai défendu à Pierre d'allumer votre feu.

DE CHAUNY (*souriant*).

Par ce froid sibérien !

GABRIELLE.

Mais je n'ai pas donné le même ordre à Justine. Et, si vous voulez m'offrir votre bras, vous trouverez dans mon âtre une flamme vive, et, sur mon guéridon, une tasse de thé. Je pousserai la condescendance hospitalière jusqu'à vous avancer un fauteuil près de ma causeuse. Que vous en semble ?

DE CHAUNY.

Vous êtes adorable ! (*Au public.*) *A quelque chose malheur est bon.*

(*Ils sortent*).

Paris, 1866.

Lyon, impr. de P. Mougin-Rusand.

www.ingramcontent.com/pod-product-compliance
Lightning Source LLC
Chambersburg PA
CBHW060609050426
42451CB00011B/2167